Lk 7,36

EXTRAIT

du

RECUEIL DES TRAVAUX DE LA SOCIÉTÉ D'AGRICULTURE, SCIENCES ET ARTS D'AGEN.

Tome VII (Ire Partie).—1854.

UNE ÉMEUTE A AGEN

EN 1635,

PUBLIÉE D'APRÈS LE MANUSCRIT DE MALEBAYSSE ;

PAR

M. ADOLPHE MAGEN,

SECRÉTAIRE-ADJOINT.

Quand le cardinal de Richelieu prit en main le pouvoir que se disputaient, depuis la mort de Luynes, Marie de Médicis et Condé, la France était, — au point de vue financier, — dans une situation déplorable. Un arriéré de plus de vingt millions affectait le trésor, le déficit annuel allait toujours croissant et les campagnes languissaient épuisées par des tailles de toute espèce.[1] Si l'on eût pu se reposer alors dans une longue paix, le jeu régulier des institutions, la restauration des travaux agricoles, le libre déve-

---

[1] « C'est un fait qui ne peut être contesté, dit Boisguillebert, (*Détail de la France*, page 201 de la collection des économistes publiée par Guillaumin), que plus de la moitié de la France est en friches ou mal cultivée, c'est à dire beaucoup moins qu'elle ne le pourrait être, ce qui est encore plus ruineux que si le terroir était entièrement abandonné, parce que le produit ne peut répondre aux frais de la culture. » Il attribue d'ailleurs, et non sans preuves, ce dépérissement de l'agriculture française à la multiplicité des aides locales et des douanes intérieures. La funeste influence de ces dernières s'exerçait particulièrement sur les pays à vignobles. Lorsque le vigneron écrasé par l'impôt, le brouillard ou la grêle, parvenait à produire un peu de

loppement du commerce et de l'industrie eussent permis de réparer peu à peu le mal; mais il n'y fallait pas songer. La guerre avait à peine cessé de décimer les provinces, pour cause de religion, qu'on la recommençait au-delà des frontières, en vertu d'impérieuses nécessités politiques. Il fallait abaisser la maison d'Autriche dont l'expansion devenait inquiétante et entrer en lutte résolument avec l'Espagne et l'Empereur. Voilà cinq armées en campagne que, du fond de son cabinet, allait diriger le grand ministre : c'était la guerre de *Trente ans*.

Pour subvenir aux frais d'entretien de ces armées, la création de nouveaux impôts était inévitable; elle fut immédiatement décidée et signifiée aux provinces. Le Midi en eut naturellement sa part, et ce ne fut pas la moins lourde, si l'on en juge par les sanglantes manifestations auxquelles elle donna lieu.

Le vin a été de tous temps l'objet d'un immense commerce et une source précieuse de revenu pour les contrées méridionales de la France; aussi, une haine instinctive s'y attache-t-elle à toutes les institutions établies pour détourner au profit de l'Etat une portion de ce revenu. A l'époque dont je parle, il y avait déjà le *socquet*, c'est-à-dire un impôt en mode d'octroi qu'on percevait sur le vin à l'entrée des villes; on y ajouta un impôt de détail, applicable seulement au débit du vin dans les cabarets et qui, tout en ayant l'apparence de ne frapper que le débitant, frappait du même coup et plus rudement encore le consommateur.

Un cri général de réprobation et de colère accueillit cette me-

---

vin, il fallait qu'il se résignât à le vendre à vil prix dans la contrée, les marchés éloignés n'achetant pas, parce que l'énormité des frais de douane y rendait impossible la consommation. Aussi arriva-t-il qu'en certains lieux, du côté de Pont-de-l'Arche notamment, on prit le parti d'arracher les vignes. « Or, dit Boisguillebert, le sol de ce territoire n'étant propre qu'aux vignobles, demeure inculte et ses habitants ne récoltant rien, ne peuvent rien acheter. » Qu'on juge par ces faits de la misère des campagnes dans la première moitié du xviie siècle; à cette époque, du reste, la situation du peuple des villes n'était guère meilleure.

sure, et telle fut l'effervescence des esprits qu'à Toulouse le Parlement défendit par un arrêt spécial la perception du nouveau droit comme attentatoire aux priviléges de la province. A Bordeaux, le bas-peuple de la ville et des bandes nombreuses de paysans s'emparèrent de l'Hôtel-de-Ville dont ils brûlèrent les papiers, ouvrirent les prisons, se barricadèrent dans les rues et ne se soumirent au duc d'Epernon qu'après avoir tenu la ville en échec pendant sept semaines. Encore Richelieu écrit-il dans ses mémoires que le gouverneur apaisa plutôt les apparences que la réalité de la sédition.[1]

Ce fut le 21 mai que MM. Ducros, Buard, Meja, de Landas, Groussou et Cancer, consuls d'Agen, furent informés de cet évènement; — il y avait déjà huit jours que l'émeute grondait dans Bordeaux; — ils apprirent en même temps que les séditieux entretenaient des agents chargés de soulever toute la province de Guienne, à l'occasion du nouvel impôt, qu'on désignait sous le nom déjà connu de Gabelle. Il n'y avait pas de temps à perdre pour s'occuper des mesures les plus propres à assurer la tranquillité publique. Ils firent, en conséquence, apporter dans la maison de ville 50 mousquets, 50 piques et toutes les hallebardes dont ils purent disposer pour les distribuer, le cas échéant, aux jurats, aux habitants, à tous les sincères défenseurs de l'ordre.

Cependant les premiers symptômes d'une sourde agitation commençaient à se manifester. Des personnes de qualité ayant voulu traverser la Garonne au bac du Gravier, furent très-mal reçues par les bateliers attachés au service des gabarres; on alla jusqu'à leur jeter en face la qualification de Gabelleur, qui devait être à Agen ce qu'elle était à Bordeaux, le mot d'ordre des émeutiers. Les consuls, avertis de ce fait, comprirent que le plus frivole prétexte pouvait provoquer d'un instant à l'autre des mouvements populaires. Deux d'entr'eux, MM. Méja et de Landas, se

---

[1] Mémoires de Richelieu. Collect. Petitot, xxviii, 504.

rendirent immédiatement au Passage, firent comparaître les bateliers et leur défendirent de proférer aucune parole injurieuse, en les menaçant de punitions exemplaires pour le cas où ils ne tiendraient pas compte de l'inhibition qui leur était faite.

Mais toutes ces précautions devenaient manifestement inutiles ; il semblait que l'émeute fût dans l'air. Dans la ville, le peuple s'agitait ; au dehors, les paysans murmuraient ; partout on s'entretenait avec indignation de cet impôt inique dont les riches n'avaient pas à s'inquiéter et qui atteindrait la classe des travailleurs dans la satisfaction d'un impérieux besoin. — Les jurats se réunirent pour décider s'il y avait lieu de convoquer la milice et de la mettre en garde ; on parla beaucoup, mais on ne décida rien à cet égard ; en revanche, on consentit à prêter au président Dubernet, sur sa demande, 4 bandoulières, 4 mousquets et 2 hallebardes ; après quoi, on écrivit au duc d'Epernon pour lui faire connaître l'état des esprits dans la ville et les lieux circonvoisins. En même temps, on livrait au raffineur 170 livres de poudre, tant pour le service des couleuvrines et fauconneaux que pour celui des mousquets ; on donnait des ordres pour que les cloches des quatre paroisses fussent mises à l'abri des tentatives des factieux et l'on recommandait, « à peyne de la vye » à Anthoine Darqué, serrurier, la garde de la Grande Horloge.

Le mois de juin arriva au milieu de ces préparatifs. Le mécontentement de la populace devenait de plus en plus visible. Les consuls, ayant reçu une lettre dans laquelle le duc d'Epernon les engageait à ne se point relâcher des mesures de précaution dont ils s'entouraient, distribuèrent entre les jurats, les conseillers au présidial et les citoyens les plus honorables, les postes qu'il importait de garder soigneusement. Les uns furent chargés de la maison de ville, les autres des places, ceux-ci des portes ; c'est ce qu'on appelait alors : *faire le département des rendez-vous.*

La nouvelle, — arrivée le 11, — d'une grande victoire remportée par les armées du roi sur Thomas de Savoie, prince de

Carignan, au service de l'Espagne, vint distraire un moment nos magistrats de leurs graves préoccupations. Vêtus de leurs robes consulaires et accompagnés du corps de jurade et des officiers de la cour présidiale, ils se rendirent à la cathédrale où, conformément à l'ordre exprès du duc d'Epernon, furent chantés « en signe de réjouyssance » un *Te Deum* et l'*Exaudiat;* on alluma ensuite un feu de joie, selon « les anciennes formes gardées en telles solempnités » ; et pour rassurer le Gouverneur qui semblait craindre que des désordres ne se produisissent à la faveur de cette fête, on s'empressa de lui mander que tout s'était passé convenablement.

Mais la réjouissance officielle n'avait pas arrêté le cours du mécontentement populaire; sur les places, au coin des rues, se formaient à chaque instant des groupes où les femmes se faisaient remarquer par la véhémence de leurs gestes et l'exaltation de leur langage; on était à ce moment suprême où la moindre étincelle met, comme on dit, le feu aux poudres; l'emploi d'une mesure hardie pouvait faire avorter l'émeute prochaine et tout sauver : on ne fit rien.

Le dimanche 17, vers 10 heures et demie, pendant que les consuls assistaient à la messe paroissiale dans la cathédrale Saint-Etienne, une discussion s'éleva entre les bateliers du bateau de poste et un archer nommé Tichanne à qui le Vice-Sénéchal, obligé de se rendre à Bordeaux avec des troupes pour venir en aide au duc d'Epernon, avait donné l'ordre d'aller s'enquérir de l'heure du départ. L'idée de transporter à Bordeaux des éléments hostiles à l'émeute était loin de sourire aux bateliers; aussi ne répondirent-ils que par des faux-fuyants à la question qui leur était faite. Tichanne insista, mais vainement ; alors, poussé à bout, il ne put retenir quelques paroles imprudentes; elles étaient à peine prononcées que des femmes, en quête d'un prétexte, s'empressèrent de les colporter à travers la ville, avec force amplifications et commentaires : « Les gabelleurs, criaient-elles à tue-tête, veulent tuer les bateliers. » Il n'en fallut pas davantage pour soulever la populace, impatiente de se décharger du poids qu'elle avait sur le cœur. On se rua sur le malheureux Tichanne et sans respect pour le lieu saint où il s'était réfugié, on l'assassina à coups d'épées et de hallebardes. On lui coupa ensuite les mains et son cadavre, promené dans les rues comme le trophée de la victoire du peuple, fut jeté dans la Garonne, à la grande joie de la foule qui hurlait : Mort aux gabelleurs ! Vive le roy sans gabelles !

Ce fut la première scène du drame qui devait ensanglanter la la ville pendant deux jours et agiter le pays pendant six mois. Enivrée de son triste succès et de l'odeur du sang, la populace ne s'arrêta plus. En vain le président Dubernet, le lieutenant criminel Delpech, les jurats et les consuls essayèrent-ils de tenir tête à l'émeute : c'était trop tard ; elle régnait irrésistiblement, semant autour d'elle l'assassinat, le pillage et l'incendie ; 18 personnes périrent, dont la plupart occupaient un haut rang par leurs fonctions ou leur fortune ; 10 maisons furent pillées, 1 maison et 6 métairies pillées et brûlées, et la rage des émeutiers atteignit un tel paroxysme de folie qu'après avoir pillé la maison d'un magistrat plus impopulaire que les autres, ils la démolirent jusqu'aux fondements, de manière à ce qu'il n'en restât aucune trace sur le sol. La campagne, du reste, avait pris une part active à cette œuvre d'extermination en fortifiant de recrues déterminées les rangs des séditieux.

L'émeute, ainsi que je l'ai dit, dura deux jours entiers ; elle eût duré sans doute plus longtemps si l'hermite de Saint-Vincent et les pères capucins ne fussent intervenus. Le souvenir de l'admirable assistance qu'ils avaient prêtée aux malades durant la terrible épidémie de 1629 était resté vivant dans tous les cœurs ; aussi apprécia-t-on d'autant mieux le nouveau témoignage de dévouement qu'ils donnaient. On les vit, pendant deux jours et deux nuits, se porter, le crucifix à la main, de barricade en barricade et sans aucune préoccupation du danger auquel ils s'exposaient, adresser à cette populace égarée les supplications les plus touchantes. C'est ainsi qu'ils amollirent les cœurs et firent cesser la lutte.

Richelieu qui avait été l'instigateur de l'édit dont la seule promulgation avait causé tant de mal, ne tarda pas à comprendre que si la rigueur est quelquefois nécessaire, la clémence peut, dans l'occasion, produire d'heureux fruits. « Sa Majesté, dit-il, (Mém. Loc. cit.) envoya à la fin de septembre une abolition générale pour tous ceux qui s'étoient soulevés dans son gouvernement, à la réserve des cas exécrables qu'ils pourroient avoir commis et pour lesquels Sa Majesté entendoit qu'ils fussent punis sévèrement. » Les lettres patentes qui consacraient cette abolition furent publiées à Agen le 20 octobre sur la grande place et dans la rue du Pin, devant l'église des Carmes, en présence de M. de Boissonnade, président et juge-mage, de M. de Bordes, lieutenant particulier, de M. de Redon, procureur du roi et des six consuls vêtus de leurs robes. Deux des chefs de la sédition avaient déjà payé de leur vie les atrocités qu'ils avaient commises et trois autres devaient encore monter sur l'instrument de supplice et d'expiation. Au nombre de ces derniers, se trouvait une femme, Anthoinette Arfeilhe dite la Noire, convaincue d'avoir exercé d'odieuses mutilations sur le cadavre de l'une des victimes.

Je crois devoir à la vérité de dire que l'expérience des excès où se peut porter le peuple quand les magistrats manquent d'énergie, ne fut pas perdue pour les consuls. L'exécution des terribles sentences prononcées par la chambre de l'édit se fit avec un grand appareil, au milieu d'un immense déploiement de forces. Aucune précaution ne fut négligée pour frapper la multitude d'une émotion salutaire et lui donner la conviction qu'une répression des plus rigoureuses suivrait désormais immédiatement toute tentative de désordre.

Les pages qu'on vient de lire sont destinées à servir d'introduction au récit complet de la sédition de 1635 que contient la chronique manuscrite de Malebaysse. Cette chronique dont je dois la communication à la bienveillance de M. Adrien Pozzy et qui comprend l'exposé des événements notables qui eurent lieu à Agen de 1618 à 1777, est l'œuvre collective et successive de plusieurs membres d'une famille appartenant à la bourgeoisie de notre ville. Elle forme un volume in-4° d'environ 500 pages. J'en ai littéralement extrait la relation de l'émeute, sans me permettre de toucher à l'orthographe, si capricieuse qu'elle fût, mais en ponctuant, selon les nécessités du récit, un texte d'où toute espèce de ponctuation est absente.

On remarquera que Malebaysse ne dit absolument rien des circonstances politiques à l'occasion desquelles l'orage se forma dans les esprits, avant d'éclater dans la rue. Il se tait également sur les petits faits locaux qui, tout en entretenant l'irritation, annoncèrent l'émeute et la préparèrent. J'ai essayé de remplir cette lacune. Le journal des Consuls (Archives de l'Hôtel-de-Ville, 4 M. n° 6) m'a été sous ce rapport extrêmement utile, malgré la barbarie de sa rédaction. Je lui dois la connaissance des curieuses particularités que j'ai notées en passant et qui sont, pour ainsi dire, le bulletin journalier de la santé morale du peuple d'Agen pendant les trois ou quatre semaines qui précédèrent la sédition.

ESMOTION POPULAIRE EN LA VILLE D'AGEN
POUR LE FFAICT DE LA GABELLE, EN L'ANÉE

1635.

Le dimanche dix septiesme jour de juin 1635, à dix heures et demy du matin, tandis que M. d'Appil, grand archidiacre de Saint-Estienne, disoit le sermon au dict Saint-Estienne, il y heust esmotion populère en la présente ville. Le comancement advint que M. Senbel, viséneschal d'Agennois et Condommois, avoit comandement de Monseigneur le deuc d'Espernon,[1] gouverneur et lieutenant pour le roy en Guienne, de s'emvenir à Bourdeaux, luy et le visenéschal d'Armaigniac, avec leurs archiers. Ledit Sembel[2] avoit aussy comandement de ramasser tant de monde qu'il pourroit pour emmener à mondict seigneur audict Bourdeaux et aussy avoit mondict seigneur mandé venir tous les autres visséneschalz de Guienne. De mesmes avoit mandé venir quinze cent gentilhommes de Gascongne et autres lieux de son gouvernemant très tous, pour ce randre à Bourdeaux. Le dict Sambel, estant prect à partir, manda un archier de sa compaignie nommé Josef Tichanne[3] aux bataliers qui le devoint pourter, pour voir s'ilxs estoint prestz à partir, lesquels bataliers prolongoint tant qu'ils pouvoint, voyant que les dz visséneschaulx n'aloint à Bourdeaux à bone fen et que s'estoit pour ce que mondict seigneur d'Espernon vouloit chatier les hauteurs de la sédition qui se fist à Bourdeaux, le 14 du mois de may presédant, quand la dicte noublese et visséneschaulx y seroint arrivés. Les dicts bataliers dirent qu'ils ne pouvoint partir encoure, pour ce qu'ils n'avoint pas receu les paquetz des lettres que nosseigneurs de la chambre de l'édict et messieurs les conseulz vouloint envoyer au dict Bourdeaux. Alors le dict Tichanne leur dict : C'est que vous délayez de ne partir point et mesmes vous estes vantés que quand nous serondz seur la rivière de Garonne, nous vouliez faire noyer ; mais nous mettrons ordre à cella ; c'est que quand nous seronz dedans le d' bateau, nous

---

[1] Deux ducs d'Epernon ont été successivement gouverneurs de Guienne : 1° Jean Louis de Nogaret et de la Valette, pair et amiral de France, né en 1554 aux environs de Toulouse ; c'est celui dont il est question ici. Il gouverna la Guienne de 1622 à 1638. 2° Bernard de Foix et de la Valette, l'un de ses fils. Appelé à la survivance de son père, il fut révoqué de ses fonctions en 1651. Il avait fixé sa résidence à *Malconte*. Voir la note relative à M. de Maurès, page 17.

[2] Ce nom est écrit de plusieurs manières dans le récit de MALEBAYSSE. On y trouve aussi *ils* et *ilxs*, *populère* et *populaire*, *Visénechal* et *Visséneschal*, *Visséneschalz* et *Visséneschaulx*, etc. C'est une véritable anarchie orthographique.

[3] Le journal des consuls le nomme *Tissandier*. Les bateliers dont il s'agit étaient ceux du bateau de poste chargé du transport des lettres et dépêches d'Agen à Bordeaux et de Bordeaux à Agen.

vous attacherons au cambons d'icelluy et vous courrez la mesme risque que nous courrons.

Seur ceste menasse, voysi une grand reumeur dans la ville pour ce que le dict Tichanne menassa les dicts bataliers devant le lougis de M. de Montesquieu, qui est à la reue des Jésuistes.[1] Dès ausitôt, quelques fammes qui entandirent cella, criarent par la reue que les gabelleurs vouloint tuer les bataliers et Tichanne, archer s'enfuit dedans l'églize des Jésuistes. Voilla une grand quantité de poupulasse dedans et devant l'églize pour le tuer. Se truvant ainsin pressé, il les pria de le laisser confesser. Quand il feust confessé, il print la fuite dans la séquestrie de la d° églize et de la d° séquestrie, ils se randit dans la basse cour des d' Jésuistes, et là il feust tué à couptz d'espées et d'alabardes; et mesmes on luy couppa une main et seur le soir, il feust attaché par les piedz avec une corde et feust tréné par les reues et jetté de dans Garonne.

Incontinant, on a coureut au sermon [2] quérir messieurs les con-

---

[1] On appelait habituellement rue des Jésuites cette partie de la rue de la *Grande-Horloge* qui est comprise entre la rue *Maillé* et la rue des *Trois Gonnelles*. Le local occupé aujourd'hui par la place où se tient le marché de la volaille et par les maisons qui entourent cette place de trois côtés, appartenait, en 1591, à M. de Ladague, seigneur de Lacassaigne. Les consuls l'achetèrent à cette époque au prix de 9,000 livres et y firent construire le collége des Jésuites, avec les matériaux de l'église de Saint-Phébade qu'on venait de démolir, parce qu'elle avait servi de prêche aux protestants. Ce collége, organisé sous l'épiscopat de Nicolas de Villars par le père Clément Dupuy, provincial de l'ordre, passa successivement des Jésuites aux Jacobins en 1762, des Jacobins aux prêtres séculiers en 1767, enfin de ces derniers aux pères de l'Oratoire en 1781. Il fut vendu par parcelles vers la fin du siècle dernier. On y voyait encore, à cette époque, une assez belle chapelle dont le clocher, surmontant l'entrée principale du collége, était situé vis-à-vis l'ancienne maison BOUET. — Quant au logis de M. de Montesquieu (Gaston de Secondat), il appartient à M. *Théodore de* SEVIN qui l'a tout récemment dégagé et transformé.

[2] Les consuls assistaient aux messes paroissiales, aux vêpres et aux sermons, les dimanches et les jours de fête. Tous les ans, lorsqu'ils déposaient entre les mains de leurs successeurs les pouvoirs dont ils étaient investis, ils leur laissaient des instructions écrites, où l'observation du service divin était spécialement recommandée. « Le culte de Dieu, disent les consuls de 1635 à ceux de 1636 (LIVRE DES MÉMOIRES ET TESTAMENTS DES CONSULS, *Ar-*

seulz en grand déligence qui ce randirent à la maison de ville, comme fist aussy Mʳ Du Bernet, présidiant en la chambre, et Mʳ Delpech, lieutenant criminel au siége présidial de la présente ville et plusieurs conseillers du présidial.[1]

Or, voylla une grande alarme. Un certain qui dant, nommé Guilhaume Le Merle, porteur de vin, monta au grand horologe,[2] sonner le beffray. Les quatre paroisses de la ville en firent de mesmes. Une grosse truppe de poeuble s'en alla en la maison de Mʳ David Codoing, conseiller en l'eslection ; ils lui enfonsarent et

---

chives de l'Hôtel-de-Ville, 4 M, nᵒ 5) est assez gravé dans vos cœurs, néanmoins trouvez bon que nous vous recommandions encore son service, puisqu'il est le père des lumières ; il assistera de son sainct esprit vos conseilz ez plus importantes et mauvaises affaires qui se pourront offrir, en le servant et le faisant servir en l'estanduc de vos charges. » Il est vrai que tous les consuls, ceux de 1643 par exemple, ne suivaient pas rigoureusement cette prescription morale, mais du moins ils confessaient leur faute dans leur testament administratif avec une touchante ingénuité.

[1] Le journal des consuls fait ici intervenir l'autorité consulaire et dans son style incohérent et barbare, donne quelques détails qui méritent d'être reproduits. « Messieurs de Buard et Méjà, dit-il, ayant eu avis de ce bruy, courent aussy tost. Leur présence appaise ce bruit en quelque façon. Le croyant, par ce moyen, assuré dans cette rue, passent plus oultre, vont vers la porte Sainct Georges où ils trouvent beaucoup de peuble assemblés qui comançait à s'atrouper pour fère bruit (qu'il falloit tuer les gabeleurs, criant vive le roy sans gabelles !) où le sieur de Landas arriva aussy pour pourveoir à l'assurance de la porte. A l'instant, partie dudit peuble ayant l'espée à la main et armes, sortent, en partie, hourch ville, droit aux bateaux pour assommer les archiers dudit sieur visénésal et rencontrant des parties qui alloint au bateau de poste, se ruent sur eux, entrautres sur le sieur Gardette, gabelleur, qui fut fort batu et blessé, après, conduit à la maison de ville par le sieur Cancer, par l'ordre de M. le président Dubernet...
M. Buard ayant mis *ordin ?* à la porte Sainct Georges, le sieur Méja ayant accoureu à la maison de ville pour empécher que le peuble ne s'en saizit, auroit trouvé le sieur de Groussou, son collegue, venant de sermon qui s'y estoit randu devant la maison de ville, appellé certains habitans et avec le sieur Cancer et le sieur de Landas c'estoint randu à mesme que le bruy fut à la porte Saint Anthoine pour la sureté d'icelle. »

[2] La tour de la Grande-Horloge, démolie de 1830 à 1832, était située dans l'axe même de la rue à laquelle elle a donné son nom et s'appuyait,

pillarent sa maison,[1] rompirent ses meubles de bois, tapisseries, garnitcures de lict, geterent le linge au milieu de la rue, et prindrent son or et argent, obliges, livres et aultres papiers, et cassarent toutes les vittres de la dicte maison. Ceux qui entrarent de dans icelle, criarent par les fenestres qu'ils ne trouvoint poinct le dict Codoin, disant qu'il s'estoit réfugié au couvent des Augustins.[2] Des ausi tost, este populasse mutine accoureurent aux d^ts Augustins, disant aux religieux : rendez-nous Codoin, aultrement vous tuerons. Il y heust une femme qui print le père prieur par le coulet et lui pourta le poignard à la gorge, en lui disant comme les autres : rendes moi Codoing, auttrement vens tueré. Ce bon père lui respondict : je viens du sermon, je ne sé pas s'il est céans, mais cherches le. Tout soudain, hommes et femmes fouragarent l'esglize et le couvent, lequel ils ne peurent trouver. Ilz alarent aussy fourager toutes les granges prochenes du dict couvent où ce pauvre mal heureux feust truvé dans une grange de madamoyselle de Savaros[3] baille mère du fils du dict Codoin, caché derrière quel-

d'un côté, sur la maison de M. Andrieu, notaire, de l'autre sur celle de M. Du Trille. Une large ouverture cintrée permettait, même aux charettes, de circuler d'un bout de la rue à l'autre. Cette tour portait à son extrémité supérieure une grosse cloche à laquelle on montait par un escalier, extérieur jusqu'au premier étage, — et qui sonnait la retraite — couvre-feu — le soir, à dix heures et le tocsin, quand éclatait un incendie.

[1] La maison du conseiller Codoing était située dans la rue des Jésuites, vis à vis le logis de M. de Montesquicu. C'était probablement celle qu'habite en ce moment Mme veuve d'Auzac. La métairie qu'il possédait dans la juridiction de *Roquefort* et qui fut brulée par les paysans est aujourd'hui la propriété de M. Belloc. Elle porte encore le nom de *Codoing*. — Ce M. Codoing est le même qui figure avec MM. de Maurès et Loret dont il est question plus bas, dans le curieux document fourni à M. l'Écantin par les archives de Duras. Voir *le dégat de Montauban*, — *Recueil des Travaux de la Société d'Agriculture, Sciences et Arts d'Agen*, tom. vii, page 190.

[2] L'emplacement de l'ancien couvent des Augustins est parfaitement délimité par celui du couvent actuel des *Filles de Marie* ; l'église, récemment modifiée, occupe aujourd'hui le même local qu'elle occupait autrefois, mais elle n'a plus le même aspect. On regrette de n'y plus voir le haut clocher que soutenaient de la base au faite des contreforts en pilastre.

[3] Damoyselle Jehanne de Bressoles, veuve de M. de Sabaros, possédait une vaste maison située rue *Saint Hilaire* et qui comprennait la plus grande

ques faix de serment. Là, il feust massacré à couptz de barres par este populasse mutine.[1] On dict qu'il avoit deux cens pistoles en ses poches qui lui feurent bientôt prinses. Après cella, on l'atacha par les piedz avec ses jaretieres et feust tréné par les reues et puis jeté de dans Garone. Est homme estoit sil malvoleu du poeuble, que quand on le trenoit par les reues, il n'estoit filz de bone mère qui ne lui donnoit un coubt de baton ou un coup de pied. Il estoit fort arrogant et voloit de haute aille et estoit venu de peu. Toute sa fortune feust perdue en un cartdeure. DAVANTAGE le mesme jour les payssans lui firet bruler une métérye qu'il avoict en la jurédiction de Roquefort et mirent les murailhes à rez de terre.

Dailheurs, en menie hœure et jour, feust tué sire Estienne de Cunolye, sieur d'Espales, bourgois de la présante ville et languist fort, car il feust basteu à coups de manches d'alebardes, despuis la maison de Mr Singlande, advocat, qui faict le coin au près de St Caprasi, jusqu'au près de sa maison qui est à la tour de La Lande[2] et là il feust assoumé d'un coup de barre sur la teste et deux couptz de pertusanes dans le corps, et ainsin il fina sa vie. Sa femme et sa servante le mirent dans sa maison. Le lendemain, on lui brusla trois météries qu'il avoit en la jurédiction d'Agen.

partie du local compris entre la maison de M. BERGERET et la rue des *Augustins*, avec une grange sur cette dernière rue.

[1] Immédiatement après l'assassinat de M. de Codoing, se place, dans le journal des consuls, celui d'un individu dont Malebaysse ne parle pas. Il s'agit d'un certain Thomas Gorse qui est « tué et massacré devant la jolle. » Mais peut-être est-ce ce Thomas, bondonnier, sur la tête duquel s'étendit vainement la protection des consuls ? Voir page 18.

[2] La maison de M. de Cunolye, sieur d'Espalais, faisait le coin de la rue *Saint-Gillis* et de la rue *Lalande*. Elle existe encore d'ailleurs et a conservé en quelques parties, sa physionomie première. Elle forme aujourd'hui deux maisons, celle de M PEBERAY où l'on remarque une chapelle à voute surbaissée et celle de Mme DELAS DE BRIMONT, reconstruite à la fin du dernier siècle. — La rue Lalande tirait vraisemblablement son nom d'une famille Lalande, — maintenant éteinte — qui l'a toujours habitée et dont un membre, chanoine de la collégiale d'Agen, possédait en 1566 la propriété de *Lalande*, appelée alors Lamotte-Cantal, qui appartient aujourd'hui à M. *Martial* DE LAFFORE. Les Huguenots ayant, en 1562, mis au pillage les églises de la ville et du diocèse pour s'approprier les chasses et autres objets pré-

DAVANTAGE, en mesme hoeure et jour, messire Guilbaumes du Périer, chanoyne en l'esglize collégiale St Caprazy, ala en ladicte esglize pour empescher qu'on ne sounat le beffroy. On lui dict : retirez vous d'ici, vous estes un gabelleur. Dès aussy tost, il s'en ala à la maison de M^r Du périer, son oncle, jadis chanoyne de St Caprasy, de qui il tenoit sa chanoynerie, et de la il s'en ala à ce cabaret qui est derrière la maison de son dict oncle qu'on nomme la Garenne de Faulhet et se vestit d'ung habillement gris de l'oste et alla monter seur la muralle de la ville qui est prochaine. Quelques fammes l'aperseurent et le suivirent a couptz de pières, en criant : tue le gabelleur ! Ce pauvre infortuné feust saisi de poeur. Il se jetta du hault en bas hors la ville, près de la tour que l'on nomme d'Armanat¹. Il se rompist une cuisse et ne peult bouger de là. Dès aussy tost, il feust tué par une multitude de payssants à couptz de sarpes et de barres. Deux payssans de Madailhan lui emporta une main et un pied chascun, au bout d'un baston à deux bouts.² — Pour le reste de son corps feust mangé par les chains, excepté le droitz qui consacroit. Trois jours apprès ses ossemens feurent enterrés au mesme lieu qu'il tumba. Est homme estoict fort facétieux et gausseur. Son malheur lui vingt que au mois de mars précédant, il avoit loué quelques manubres pour fouyr ces biens. Il leur donnoit à chascun six souls par jour. Comme ils heurent achevé sa besoigne, il les gaussa en leur disant telles et samblables paroles : mes amis, vous gaignez six soulz par jour. Je m'an garde un soul pour la gabelle de chascun de vous. Combien qu'il paya à chascun d'iceux leur salère, sa gausserie lui

cieux qu'elles contenaient, on cacha dans cette propriété « les sainctes reliques, capses d'argent de Monsieur Saint-Caprais et de Madame Saincte-Foy et plusieurs autres reliquaires, calices, croix, encensoirs, le tout d'argent et surdorés. » On les en rapporta processionnellement et en grande pompe le dimanche 13 octobre 1566, au matin.

¹ Probablement la tour dont on trouve les débris sur la partie est des grandes tanneries, non loin de la teinturerie de M. VILLOT. Elle tirait son nom de Bernard d'Armagnac, sénéchal d'Agenais de 1366 à 1369. Voir au tome VI de ce recueil, page 406, *la Ville d'Agen et son enceinte extérieure après la Saint-Barthélemy*, par M. AMÉDÉE MOULLIÉ.

² Une fourche.

couta davantage, comme avez entandeu cy desseus. Le 15e jour de janvier 1636, ses ossements feurent déterrés du susdit lieu et puis enterrés en l'esglize St Caprasy à la chapelle Ste Anne, avec aussy grande solemnité comme s'il feust mort dans son lict.

Davantage, ce mesme jour fust tué ce vénérable homme Mr Me Guilhaumes de Maures, advocat au siege présidial de la présente ville, agé de 75 ans et Me Jehan Vincent de Maures, son fils, consellier en l'eslection.[1] Ilz furent tués sur le toict du couvent des religieuses carmélites où ils s'estoint réfugiés.[2] Ce vénérable homme pria les murtriers qu'on le tuast à luy et qu'on sauvast son filz. Le filz les pria de mesmes : tues moi et sauvez mon père ! — Quand ilz furent morts, on les jetta du hault du toict en bas dans la basse-cour des dictes carmélites. Il y heust la femme d'un hoste nommé Petit quy se tenoist pour lors contre l'orme de la porte Neufve qui fust cy inhumaine que ne se contanta pas de les voir mortz, elle arracha les yeux de la teste du filz du dict sieur de Maures et les mist dans son mouchoir et les apporta à sa méson. Les dicts sieurs heurent plus d'avantage que les autres, car, par grasse espéciale, ilz feurent enterrés de nuict par les pères capucins[3] dans leur esglisse et leur maison ne feust pillée ny bruslée.

---

[1] M. de Maurès habitait la rue *Saint-Jérôme* et probablement la maison de M. DE PARADES. Il n'avait eu conséquemment que la largeur de la rue à franchir pour arriver au couvent des Carmélites où son fils et lui étaient allés chercher un asile, espérant sans doute qu'on ne songerait pas à les poursuivre dans une enceinte fermée aux hommes. Il était un des grands propriétaires du pays et possédait notamment à Renaud *(la Capelette)*, à Sainte-Foy de Jérusalem et à Artigues, — dont il était seigneur, — des biens considérables. La mort de ces deux hommes de bien devint pour leur famille la cause et le signal de désordres scandaleux. On n'ignore pas que les trois filles de M. de Maurès et surtout la plus jeune, connue dans les pamphlets du temps sous le nom de Manon l'Artigues, inspirèrent au duc d'Epernon, alors résidant à *Malconte*, une passion qui se traduisit en mille folies ruineuses et qui lui aliéna, en même temps, et l'affection des Agenais et les bonnes grâces de la cour.

[2] Les Carmélites s'établirent à Agen en 1628, sous l'administration de Claude de Gélas, dans le local aujourd'hui occupé par le *collège* et qui appartenait alors à M. Du Lion de Belcastel.

[3] L'établissement des Capucins à Agen eut lieu, sous l'épiscopat de Nicolas de Villars, en 1600. Ils occupèrent l'emplacement de l'ancien hôpital Saint-

D'ailheurs le mesme jour fut tué Mr Mélot, lieutenant du visseneschal à la Croix Belle, par les payssantz, se retirant à sa maison, à Clermont de La Magistère. Son argent lui fust prins et fust dépoullé tout nud et jetté dans un fossé et la nuit ensuivant Mr Senbel le fist enterrer.

D'ailheurs feust tué un Thomas, bondonnier,[1] entre les mains de M. Rance, procureur général du roy en la chambre de l'édict et de Messieurs les consulz qui le menoint en prison pour empescher qu'on ne le tuast, lequel dict Thomas comme fermier du soquet du vein,[2] avait bailhé le dénombrement de tous les cabaretiers de la ville et jurédiction d'Agen.

Apprès tous ces meurtres faicts, este populasse mutines s'alarent randre à la maison du dict feu sr d'Espalais, qui est, comme j'ai dict, à la tour de Lalande, ou s'estoint réfugies Mr Me Gratien de Latour, sr de Saubebère, conr du roy en la cour des eydes, et Madamelle de Barbier, mère de Mr Me Claude de Barbier, sr de Lasserre, aussy conr du roy en ladicte court et Madamoiselle de Lasserre sa femme et un sien frère escolier, estudiant aulx Jésuistes et un escollier nommé Guérineau demeurant avec le dict sieur de Lasserre, ensemble son clerc et son cochier. Este populasse mutines treuva la porte fermée, laquelle ilz enfonsarent Estant dedans, ce Guérineau lacha un coup de pistolet et tua un de ces mutins nommé P. Mandou. Quand este populasse virent est homme mort, cella les aygrit fort; ilz dirent que les gabelleurs estoint là de dans et qu'on ne les pouvoit avoir à l'ocasion de la forteresse du lieu; ilz y myrent le feu qui demeura lonc temps à prendre et en attendant la dicte maison fust pillée et bruslée.

Michel, près la porte Saint-Michel ou de Garonne, emplacement représenté aujourd'hui par l'espace compris entre la rampe nord du *Pont-Long*, le mur de ville jusqu'à la rue du *Cat*, une partie de cette dernière rue, les jardins des maisons qui bordent au levant la rue *Saint-Jérôme* et enfin la rue *Calamène* dans toute sa longueur. Le jardin de la maison de M. de Maurès confrontait au couchant avec celui des Capucins.

[1] On appelle bondonière un instrument dont l'extrémité est amorcée et tournée en vis et qui sert au tonnellier à percer dans une des douves de chaque futaille le trou où se place le bondon. Bondonnier est vraisemblablement synonyme de tonnellier.

[2] Voir l'introduction.

Durant qu'on fesoit tout ce désordre, on pilla et brusla la maison et grange du dict sieur de Lasserre.[1]

Quand ceux qui estoint dans la maison du dict feu sieur d'Espalais, furent pressés de la fumée du feu, ilz se rendirent. Ma dicte damoyselle de Barbier dessendit avec une eschelle à main par une fenestre, portant entre ses bras un petit enfant de son filz. Apprès elle dessendit madamoyselle de Lasserre, sa belle fille, son dict filz, escolier, le clerc et le cochier du dict s^r de Lasserre. Aussy dessendirent les laquays de M. Saubebère. Apprès ce faict, montèrent deux de ces séditieux par la dicte eschelle quy trouvarent le dict s^r de Saubebère dans une chambre de ladicte maison. Ilz lui dirent : Rend la vie! Il les pria d'attendre auquels il fist une belle remontrance, en s'excusant, disant qu'il n'estoit point gabelleur, qu'il n'avoit jamais voulu consentir à la vérification des édictz du roy. Avec ces belles paroles, il amollit le cœur de ces deux hommes et n'eurent le courage de lui méfère et s'en retornarent à la rue. Apprès ceux-là, il en monta cinq autres quy luy dirent de mesme que les autres. Ren la vie! Auquels il vouloit faire la mesme remontrance que aulx sus dictz; mais ilz ne voulcurent escouter tout cella. Ce qu'il peult fère, il obtint d'eux de le laisser prier Dieu. Il se mist nud teste, nud pied et se mist à genoux dessoubz la cheminée et fist sa prière à Dieu et receust le coup de la mort par derière à couptz de pertusanes et d'espées et moureut en pénitant blanc dont il estoit confrère.[2] Aussy fust tué dans la dicte chambre le dict Guérineau et les jettarent du hault des fenètres en bas à la rue.

Durand tout ce désordre, on fesoit brusler les moeubles du dict sieur d'Espalais devant sa maison et au dict feu on mist le dict sieur de Saubebère et le dict Guérineau et un compaignon esperonnier[3] qui fust tué devant la porte du dict feu sieur d'Espalais et tous trois furent bruslés et réduictz en cendres. Por M. d'Espalais ne fust pas bruslé avec les autres, car il fust bruslé dans la salle basse de

---

[1] Cette maison est aujourd'hui la propriété de M. Félix Aunac, banquier.

[2] Les statuts des trois confréries de Pénitents, blancs, bleus et gris, furent approuvés en 1600 par Nicolas de Villars.

[3] Le corps d'état des lormiers comprenait les lormiers-éperonniers, les selliers-lormiers-carossiers et les cloutiers-lormiers. La section des éperonniers s'occupait spécialement de la fabrique des mors, éperons, etc.

sa maison durand que la dicte maison brusloit. Le mardy ensuivant, Madamoyselle de Latour, mère du dict feu Sʳ de Saubebère fit reculhir les cendres de son filz et les fist enterrer à l'esglize Sᵗ Estienne, à son tumbeau.[1]

Davantage dans une autre chambre de la dicte maison fust rencontré Mʳ Mᵉ Gabriel Anthoine de Cunoli, conseller et accesseur criminel au siege présidial de la présente ville, fils du dict feu Sʳ d'Espalais. On luy dict de mesme que au dict feu Sʳ de Saubebère : Ren la vie ! auquels il pria la luy sauver por argent. Il leur donna trois centz escus. Apprès qu'ilz heurent reçeu la dicte somme, de poeur estre décellés, ilz lui donarent un coup de pistolet par la teste quy luy fust favorable ; il ne frisa que le poil et heust deulx couptz d'espées dans le gosier et luy voulant donner un coup d'estramazon seur la teste, il print l'espée en l'air et se blessa fort au bras. Ce fust le plus dangereux de tous les couptz et le croyant avoir tué, ilz le vouleurent jetter par la fenestre, comme

---

[1] La loi romaine avait formellement prohibé l'inhumation des cadavres dans les villes et cette prohibition, hostile en apparence aux sentiments de piété que nos pères professaient pour les morts, fut énergiquement soutenue par les conciles et les synodes chrétiens; mais l'intelligente obstination des autorités ecclésiastiques ne tarda pas à se briser contre cette ardeur irréfléchie, quoique respectable quant à l'intention, qui, jusqu'au xviiiᵉ siècle, poussa les fidèles à réclamer pour leur dépouille mortelle, non-seulement l'inhumation dans les villes, mais l'inhumation dans les églises. Il semblait qu'en reposant près des reliques des martyrs, on échappât, en vertu d'une participation mystérieuse aux mérites de leur sainteté, à ces ténèbres de l'abîme dont la seule idée inspirait aux cœurs les plus endurcis un salutaire effroi. L'honneur d'être enseveli dans les églises, réservé d'abord aux dignitaires ecclésiastiques, s'étendit bientôt aux personnes qu'avait signalées, durant leur vie, une piété exemplaire et puis aux grands seigneurs qui pouvaient le payer d'une offrande somptueuse; il constitua même un droit transmissible par l'hérédité, et les priviléges de cette nature s'étant multipliés pour ainsi dire sans bornes, les églises devinrent les cimetières des riches. Mais l'interruption fréquente du culte occasionnée par les inhumations et le dégagement de gaz délétères issus d'un sol saturé de matières organiques dans un espace clos, amenèrent la formelle interdiction d'un pareil abus, et aujourd'hui les inhumations dans les églises et les monuments publics ne sont autorisées que très-rarement et dans des circonstances tout-à-fait exceptionnelles.

les autres. Ilz ne le peurent monter sur ycelle et estant ces murtriers pressés de la fumée du feu, ilz le laissèrent estendu por mort de dans la dicte chambre. Seur les dix heures du soir quand tous ces mutins furent retirés, il sortit de la dicte chambre aussy fumé qu'un charbonier et s'en alla au jardin de mon dict sieur de Lasserre où il treuva quelques femmes quy esteignoint quelques poultres de la grange du dict sieur de Lasserre. Il en pria une de sa coignoissance de l'ayder à se sauver auquel elle bailha sa toile de teste et sa garderobe et lui bailha à apporter de sa part un chauderon plein d'eau et le conduit à la maison de M. de Labarthe [1] quy est prochaine de là et là il fust pour quelque espace de temps secrètement.

Aussy en la dicte maison du dict Sr d'Espalais fust bruslé un marinier nommé Pierre Palendran quy estoit alé pour piller dans ycelle. Comme il s'amusoit à effondrer un coffre à couptz de bergade, [2] il fust suffoqué de la fumée du feu. Voulant sortir de la dicte chambre, il ne sceust treuver la porte et fust payé selon son méritte.

Davantage durant le dict désordre, on fist brusler au milieu de la plasse publique de la présente ville, le carosse et le charriot dudit sieur de Lasserre. On vouloit aussi fère brusler les chevaux du dict carosse, mais ceux du corps de garde de la plasse cy opposarent et empecharent cela. Mais nonobstant ilz en tuarent un et l'autre fust fort blessé.

DAVANTAGE fust le même jour pillée la maison du dict feu Sr de Saubebère.[3] Aussy feust le mesme jour pillée la maison de Me François Jayan,[4] conseiller en l'eslection et ne fust pas descouverte

---

[1] Aujourd'hui, la brasserie GAUTIÉ, y compris la maison voisine à l'angle de la rue *St-Gillis* et de la ruette des *Écrevisses*.

[2] La bergade est un pieu muni à l'un de ses bouts d'une pointe courbe en fer qui engagée dans les racines ou les rameaux des végétaux croissant sur les berges des rivières permet aux marins d'en rapprocher leurs barques.

[3] Appartenant aujourd'hui à M. BERGERET. Noble Gratien de Latour, écuyer, Sr de Saubebères, petit-fils de damoyselle Marguerite de Goudailh et frère de noble Pierre de Latour, Sr de Fontirou, l'avait acquise de damoyselle Jehanne de Bressoles, veuve de Mr de Sabaros.

[4] A l'extrémité de la rue *Porte-Neuve*, près des murs de ville.

ny bruslée. En mesme hoeure et jour fust pillée la maison de Mᵉ Jehan Railhery,[1] advocat du Roy en l'eslection. Les moeubles du dict Jayan et ceulx du dict Railhery feurent bruslés devant la maison du dict Railhery qui est contre l'orme de la porte Neufve. Aussy le lendemain on brusla la métérye du dict Railhery[2] quy est en la paroysse Sᵗᵉ Radegonde, jurédiction de la présente ville.

DAVANTAGE le mesme jour fust pillée la maison de Mᵉ Charles Loret, conseilher en l'eslection, et ne fust point descouverte et cy portarent plus doucement que aulx autres, seur la priere que leur firent les pères capucins pour ce que la maison du dict Loret est auprès de l'esglise des capucins.[3]

ESMOTION POPULÈRE DU LUNDY
18ᵉ DU DICT MOIS DE JUIN 1635.

Le lundy 18ᵉ du dict mois, este populasse vindrent du matin devant la maison de ville d'aussy grand furye que le jour précédant, demandant Mʳ Delpech et autres gabelleurs qu'ilz disoint estre dans la maison de ville, et s'ilz ne les rendoit qu'ilz mettroint la maison de ville à feu lequel leur fust respondeu qu'il n'en y avoit

---

[1] Elle formait l'un des coins de la place *Porte-Neuve*, sans doute à côté de la maison de Mᵉ Jayan ou vis-à-vis. Peut-être est-ce la maison LAPORTE?

[2] Cette métairie très agréablement située sur la route de Toulouse, à 2 kilom. d'Agen, après avoir longtemps appartenu à la famille NOUBEL, est devenue la propriété de M. PETRETTO.

[3] Je vais compléter le récit de la première journée par un nouvel extrait du journal des consuls. On y verra que si ces magistrats mirent beaucoup de mollesse à la répression de l'émeute, ils n'attendirent pas du moins la fin de la seconde journée pour prendre quelques mesures. « Messieurs le président Dubernet et les autres Messieurs de la chambre, tant de la religion catholique que de la prétandue réformation, c'estant randus avec Mʳ Delpez, lieutenant criminel (et) ayant assisté les d. sieurs Meja, Groussou et Cancer, consuls, à conserver la maison de ville, avec certains jurats et bourgeois de la rue de Garonne, fait barricader et fortifier les portes de la dite maison de ville, c'estant à l'instant offerts plusieurs seigneurs et gentilhommes et particuliers qui estoit à la suite de la chambre, se sont offerts de nous acister et servir le roy et la ville pour repousser tels séditieux et boutefeus; et c'estant

aulcun et qu'on les prioit de se vouloir retirer et que seur ce qui c'estoit passé la journée précédante, tout estoit aboly suivant un arrest que nosseigneurs de la chambre de l'édict donerent le dict jour du lundy matin.[1] Cela n'aresta point que seur este hoeure, ilz n'alassent pilher la maison de Mr Sarrau de Redon, procureur du Roy en l'eslection et fust pilbée de mesme que la maison du dict Codoing et fust toute descouberte et ne fust point bruslée.[2] Le mesme jour les payssans luy firent breusler sa méterye, nommée à Tord.

DAVANTAGE incontinent apprès qu'on heust pilhé la maison du dict Redon, on pilha la maison de Mr Urbain Delpech,[3] lieutenent criminel en la présente ville quy est vis à vis de la maison du dict

---

ramassés, fait donner des armes et munitions de la ditte maison de ville, aurions accourcu droit à la maison du dit sieur d'Espalais que l'on pilloit et avoint my le feu, fait tout esfort pour faire quitter. A laquelle troupe estoint en teste Mr de Buard et Meja consuls et autres habitans qui auroint à l'instant chargé les dits gens boutefeus et pillieurs, fait tuer certains paissants et blessé d'autres et retiré de la presse la damoyselle d'Espalais. que le dit sieur Meja auroit conduit en la maison du Sr Baulac ad^t, jurat, laquelle lesdits séditieux vouloint tuer et massacrer.....................
..... La maison de ville estant menassée d'estre mise à feu, aurions fait bracquer les canons et autres pièces et fauconneaux, fait faire des barricades aux quatre coings et advenues de la maison de ville, fait mettre de bons corps de garde partout, mesme aux cinq portes et à la place et église St Crapasy. Ce poeuble se barricade par toutes les rues et ruelles.....
Fermé la porte du Pin après que le sieur Meja heust chassé tout hour la ville les paysans de Foulayronnes en nombre de six ou sept vingts. »
[1] « Ce peuble parlemente de devers leurs barricades qu'ils veulent tout touer si quelque prétandue gabelle n'estoit aboulye, demandent arrest d'abolition de... ces murtriers et boutefeuz constreignent M^{rs} de la chambre de leur faire dresser et imprimer ledict arrest ou qu'ilz mettroint tout à feu et à sang et moyennant que la dicte gabelle soit abolye, ils ce remetroint, en faisant publier l'arrest à son de trompe par tous les coings de la ville. Fut le dit arrest publié. Ce prenant encore à la maison du sieur de Redon procureur du roy en l'eslection et du dit sieur lieutenant criminel, pillent et rompent tout, etc. » *Journal des Consuls.*
[2] Cette maison forme l'un des coins de la rue *St Gillis* et de la rue *Roussanes* et communique avec une ruelle qu'on appelait carrerot de *Rupaire* ou du *Repaire*. Elle appartient à M. POUMAREDE, négociant.
[3] Maison LAROCHE, au coin de la rue *des Prêtres* et de la rue *St Gillis*.

Redon et furent descoubertes et ne furent pas bruslées, lesquelles maisons sont à la rue de la petite bouscherye. Tandis qu'on rabayait les susdictes maisons une autre trouppe de ces mutins pilloint la maison de Mr Nicolas Dupérier, aussy conseilher en l'élection quy frère estoit du dict chanoyne quy fust tué le jour précédant. Le dict Dupérier n'estoit pas dans sa maison, car il c'estoit sauvé de jardin en jardin chez Mr Dalbaret, doyen des chanoynes de St Crapasy et là il fust trouvé au jardin du dict sieur [1] caché derrière quelques loriers dont il fust tué d'un coup de mosquet dans l'estomac et quelques couptz d'espées par le corps. Un homme et deux femmes l'atachèrent par le col avec une corde et l'alarent jetter dans Garonne. Il y en heust une cy barbare quy luy couppa les....... et les fist manger à un chien.

Or voilà le désordre quy continuoit de plus en plus. Por appaisser ce poeuble, on fist une procession générale seur les nuf à dix hoeures du matin pour prier Dieu vouloir appaiser la rage de ce poeuble où furent apportées les chasses St Stienne, St Dulcide, St Crapasi, St Foy. Lad. procession partit de St Stienne et ala à St Crapasi. M^r d'Appil, grand archidiacre de St Stienne portoit le St Sacrement de l'autel dessoubz un poille. Quand la procession fust à St Crapasi, les gens d'eglisse entrarent dedans lad. eglisse et la populasse demeura dehors. La porte de l'eglisse estoit barricadée. Mondict sieur l'archidiacre monta dessus la baricade avec le St Sacrement de l'autel entre ses mains et là il fist une exortation avec la larme à l'œil et pria le poeuble de se vouloir appaisser ce quy rafroidit un peu le cœur de ces mutins. Apprès lad. procession s'en retorna à St Stienne et devant lad. esglisse mondict sieur l'archidiacre fist une autre supliante exortation toujours seur le mesme sujet.

DAVANTAGE une trouppe de ces mutins estoint allé quérir Mr Buart segond consul et le créarent leur capitène. Il marchoit à la teste d'este trouppe, avec son espée au costé, son chaperon en escharpe et une baguette en main et comme cella, ilz fesoint la rebue par ville. Comme ilz furent devant St Stienne, ilz trouvarent que mondict sieur l'archidiacre fesoit l'exortation. Ilz se mirent à genous devant Saint-Stienne. Apprès que l'exortation fust par achevée, le poeuble se retira, mon dict sieur de Buart se vouloit aussy retirer, ce qu'il ne peult obtenir de ceux de sa

[1] Rue *Font Nouvelle*.

trouppe. C'estoit sur l'hoeure d'onze hoeures et demye, qu'il estoit encore en juin. Il les pria de le laisser aler à sa maison prendre un peu de réfection, ce qu'il ne peult obtenir d'eulx sans qu'ilz heussent esgard au bon homme quy est désja chargé de vieilles années et le firent marcher comme auparabant.

DAVANTAGE à deux hoeures apprès mydi fust tué Arnauld Paulmier sergent royal en l'election qu'on disoit qu'il avoit entreprins d'exécuter toutes les comissions de la gabelle et ficher les placartz aulx coingtz et carrefours de la présente ville. Il fust trouvé caché dans un thonneau à la maison de monsieur Cayrou, prebstre et chappelain de St Stienne[1] quy est à la rue du temple près la petite boucherye et là il fust tué à couptz d'alabardes et d'espées et puis ataché par les piedz avec une corde et fust tréné par les rues. La porte St Anthoine estoit fermée, ilz le jettarent du hault en bas des murrailhes et les payssans quy estoint hors la ville le trénarent et jettarent dans Garonne, et à son ocasion la maison dud. s^r Cayrou fust pilhée et ne fust pas bruslée et apprès y-celle on pilha la maison dud. Paulmier quy est prochaine d'icelle.

DAILHEURS le mesme jour seur les quatre hoeures du soir, fust tué Mr Pierre Maury, notere royal de la présente ville. Il fust trouvé en la maison de Mr de Rance, procureur du roy en la chambre de l'édict et c'estoit saubé de la maison de ville où il estoit en assurance. Il fust tué par Géraud Bruguyères, m^e pâtissier de la présente ville et par le cuysinier dud. s^r de Rance. Led. patissier luy donna un coup de coutelas quy luy abatit la moytié du col et le cuysinier l'acheba de tuer à couptz d'espées ; apprès il fust attaché par les piedz avec une corde et tréné par les rues. La porte St Antoine estoit aussy fermée ; il fust jetté pardessus la muralhe de la ville comme led. Paulmier et les payssans quy étoint hors la ville, le trénarent et jettarent dans Garonne. Sa maison ne fust pilhée ny bruslée.

Nosseigneurs de la chambre de l'édict et messieurs de la polisse voyans un cy grand désordre firent faire des baricades aulx environs de la maison de ville. Il y avait une baricade à la rue de Garonne quy trabersoit la dicte rue et fermoit la ruette de monsieur

---

[1] M. Cayrou desservait à la cathédrale St-Etienne une chapellenie dont il percevait le bénéfice à *Monbusc*.

d'Estrades;[1] autre barricade au delà le pont d'Angoyne quy fermoit de la maison de Mr Jehan Castaing, notaire royal[2] jusqu'à la maison quy faict coingt au pont d'Angoyne. Autre barricade du costé de la maison de ville quy fermoit la ruette de Mr de Raigniac advocat;[3] autre barricade qui fermoit la ruette de la conciergerie près du palais présidial;[4] autre barricade contre le logis de Mr de Roques[5] quy fermoit este rue quand on va à l'ave maria;[6] autre barri-

---

[1] Cette partie de la rue *des Juifs* qui va de la petite place de la Mairie à l'impasse où est située la maison de M. Rivière ancien procureur général. Messire François d'Estrades, seigneur de Ségognac, possédait dans cette rue une maison — je ne sais laquelle — que les consuls avaient prise en ferme pour y loger le duc d'Epernon, quand il venait à Agen; on empruntait, à cette occasion, « une tante de tapisserie pour tendre en son antichambre, laquelle tapisserie appartient à M. Desculhies qui nous l'a prestée; fauldra avoir soin de la retourner, il y a huit pièces. » (Journal des consuls.) — La maison qu'habite actuellement M. Sabatuié, rue *Garonne*, appartenait également à M. d'Estrades.

[2] C'est la vieille maison qu'habite M. Mandiberon, gantier, au coin des rues *Montcorny* et *Pont-de-Garonne*. On aurait d'ailleurs pu appeler la première de ces rues, rue des Notaires, car ils étaient, pour ainsi dire, les uns sur les autres : d'abord Me Jean Castaing; puis dans la maison Tonnelé, Me Pierre Maury; enfin, tout à côté, dans la maison Macary, Me Jean Dufour.

[3] et [4] La *place du Palais* a complètement changé de physionomie depuis une quarantaine d'années. On l'a surtout considérablement agrandie. L'espace triangulaire dont le *café de la Comédie* occupe aujourdhui le centre était alors rempli par l'hôtel de M. de Roques (ou de Roquefort) et la maison Cabasse. Celle-ci formait le coin de la *petite rue du Paradis* qui se prolongeait alors jusqu'au niveau de la rue *Montcorny* et même un peu au-delà; la maison Bergognié, aujourd'hui habitée par M. le receveur général Guizot, formait l'autre coin de cette rue; elle appartenait en 1635 à M. de Raigniac, d'où le nom que donne Malebaysse à la ruette du Paradis.

[5] Actuellement rue *de la Loi*.

[6] Actuellement rue *Lacuée*. Le couvent de l'Ave-Maria ou de la Visitation occupait avec ses dépendances le vaste emplacement borné au nord par le jardin de la maison Lugat, prolongé jusqu'à la rue *Porte-Neuve*, au midi par la rue *du Cat*, à l'est par la rue *Porte-Neuve*, à l'ouest par la rue *Lacuée*. L'église du couvent était située sur cette partie de la rue de l'*Angle-Droit* (non percée à cette époque) qu'occupe aujourd'hui la maison Barrau.

cade devant la maison de messieurs Dorée,[1] quy trabersoit la rue ; voyla por la garde de la maison de ville.

Il y avoit une baricade au corps de garde de la place publique quy fermoit d'un costé des embans[2] à l'autre ; deux barricades devant l'esveché ;[3] trois barricades devant la maison de M[r] Me Anthoine de Boissonnade,[4] président et jeuge mage au siege présidial de la présente ville ; áutre barricade à l'escolle vielle ; autre barricade au portailh Ste Quitere ;[5] autre barricade au bout de la rue St Jehan ; une grande baricade à doutze pas de la porte du pin quy trabersoit toute la rue pour garder la maison de Mr Senbel,[6] visséneschal d'Agennois et Gascoingne ; autre barricade à la plasse de Molinier ;[7] autre barricade devant la maison de Mr Singlande, advocat, à la rue St Crapasy ; autre barricade au portailh de la petite boucherye.[8] A chaque porte de ville, y avoit une barri-

[1] Actuellement le tribunal de première instance.

[2] Embans est synonyme de Cornières.

[3] L'ancien évêché, triste et sombre construction de la fin du xve siècle, était contigu à la cathédrale St-Etienne avec laquelle il communiquait directement par un passage vouté. Il s'élevait entre la rue de l'évêché, aujourd'hui du *Marché au Blé*, et le côté sud de la cathédrale, sur le pâté de maisons dont fait partie l'auberge du sieur DELIBES. La maison DAYRIES et les voisines occupent l'emplacement des écuries, chai et autres décharges qui en dépendaient. Comme il menaçait ruine, Mgr. de Bonnac le fit démolir, et le 16 juin 1775, posa lui-même la première pierre du nouveau palais épiscopal (aujourd'hui l'hôtel de la Préfecture), « ayant devant luy un tablier de taffetas blanc, garni d'une crépine d'or. »

[4] La maison de M. le comte de RAYMOND.

[5] Le portail Ste-Quitère ou Quitterie était placé à l'extrémité de la rue du *Temple*, tout près de l'impasse actuelle de Ste-Quitterie.

[6] La maison de M. Sembel formait le coin de la rue *St-Nauphary* et de la rue *du Pin*, à gauche en allant de celle-ci à la rue *St-Jean* ; la grange, située sur la rue *St-Nauphary*, communiquait avec le jardin de la maison FAUGÈRE.

[7] L'ordre suivi par Malebaysse dans l'énumération des barricades semble indiquer que la place *Molinier* n'était autre que celle dite actuellement du *Poids de la ville*, et agrandie depuis quelques années par plusieurs démolitions.

[8] La petite boucherie était contiguë à la maison MAYDIEU-LACAS.

cade; au pont de Garonne,[1] en y avoit deux ; c'estoint les plus fortes de la ville.

Ce mesme jour un grand céditieux nommé François Latard, hoste de la Croix blanche, demeurant devant les carmes,[2] voulant passer par force à une des barricades quy estoint devant la maison de M⁵ le président Boyssonnade avec une trouppe de mutins qu'il menoit avec luy, il fust gaïlhardement repoussé par ceulx quy soutenoint les barricades et fust tué seur la plasse ; ses camarades l'emportarent à sa maison.

Durand ce mesme désordre, les reverandz pères capucins allarent fère des exortations au poeuble par toutes les barricades de la ville, portant chacun un crucifix en main. Cela amolit fort les coeurs de ce poeuble.

Il ne fault pas oublier le bon père hermite de S⁵ Vincent quy s'en aloit de nuict et de jour par les dictes barricades fere d'exortations de mesme que les pères capucins.

Or, voilla en quelle tristesse estoint les gens de bien de la ville d'Agen de voir ainsin murtrir leurs concytoyens. Il est à remarquer que les cloches de la ville demeurèrent tretze jours sans sonner et le samedy quatorze jours apprès quy estoit la feste S⁵ Martial les cloches sonarent abord à l'hoeure de prime. Aussy les boutiques de la ville demeurarent trois jours fermées. Davantage le dict jour de lundy les parroysses des champs à deux lieus à la ronde d'Agen sonarent le beffroy dont les payssans s'asemblarent et vindrent aux environs des murailhes de la présente ville et fust estimé qu'ilz estoint au nombre de six mille Il ne fust dict aulcun sermon dans aulcune esglise de la présente ville depuis le jour du désordre jusques au jour de feste de S⁵ Stienne quy est le troisième jour d'aoust. Il ne fault pas obmettre les dévotions quy furent faictes dans la ville à l'ocasion dudict désordre. Durand un mois tous les jours, le S⁵ Sacrement de l'autel reposoit en trois églises et le lendemain reposoit à aultres trois et ainsi de trois à trois. Elles fu-

---

[1] Le *Pont-long*.

[2] L'acte de fondation du couvent des Grands-Carmes est de 1272 ; ce couvent occupait le vaste local qui était devenu, depuis la révolution de 89, la propriété de MM. Amblard, et sur le milieu duquel on a tracé tout récemment une rue parallèle à la rue *St-Nauphary*, et, comme elle, aboutissant aux rues *St-Jean* et *du Pin*.

rent toutes suivies et les processions des parroisses et couvents les unes apprès les autres les visitoint tous les jours.

ORDRE RENDU A LA GARDE DE LA VILLE D'AGEN APPRÈS L'ESMOTION POPULÈRE EN L'ANNÉE 1635.

Apprès que nosseigneurs de la chambre de l'édict et messieurs les consulz heurent un peu appaissé ce poeuble mutiné, ilz mirent ordre pour la garde de la ville ; pour empècher que ces mutins ne s'eslebassent davantage, l'ordre fust tel : Monsieur Dubernet présidant en la chambre de l'édict estoit colonel des habitans de la ville ; Mr de Roussilhon, capdet de la maison de Cabrayres en Quercy estoit mestre de camp; le Sr de Monbet de Sérignac estoit sergent-majour ; sire Audet Leduc, marchand mangonier [1] de la présente ville estoit eyde du sergent-majour. Il entroit tous les jours nuf escadres en garde, savoir huict des habitans de la ville et une des advocats et procureurs et autres officiers de la chambre de l'édict qui faisoit la nufbiesme ; chaque escadre estoit de trente hommes, montre qu'il entroit tous les jours en garde deux cent septante hommes et à chasque dicte escadre, il y avoit un capitene, lieutenent et enseigne ; l'enseigne ne portoit pas pour cela de drappeau. Les gardes estoint personèles. Chasque soldat quy estoit de garde se rendoit le soir devant la maison de son capitène et le capitene avec ses soldats se rendoit à Montrebel quy estoit la plasse d'armes et là chasque dict capitène alait au cartier quy luy estoit ordoné quy estoit le soir à la fermeure des portes de la ville. A chaque dicte porte, il y aloit une escadre ; à la salle basse du palais présidial, en y entroit une et les soldats d'icelle faissoint sentinelle à este barricade quy estoit à la maison de M. de Roques quand on va à l'avemaria et aussy à este barriquade quy fermoit la ruette de la conciergerye du Palais ; une autre escadre entroit en garde à la maison de Messieurs Dorée et gardoint este barriquade quy estoit devant leur maison ; une autre escadre entroit en garde à la rue de Garonne et faissoint le corps de garde à la boutique et hoirs feu Blaize Barrinquon me chappelier de la présente ville et gardoint la barriquade de ladicte rue ; l'escadre de messieurs de la chambre estoit en la maison de ville et

---

[1] Revendeur ; fripier.

faissoint leur corps de garde au barreau des esleus; ils gardoint la barricade du pont d'Angoyne.¹ Les dictes escadres demeuroint vingt-quatre hoeures. Cella demeura un moys et demy, durand lequel temps on n'aboit que deux nuictz de franches. Apprès cela, les habitans c'en plaignirent à mondict seigneur le président de ce qu'ilz estoint trop faligués. Dès aussitost on doubla les escadres et puis on avoit 5 jours et cinq nuictz de franches et ladicte garde dura deux mois, vingt et cinq jours cy exactement comme dict est. Apprès vint l'abolition du roy. Dès aussy tost, on rompit les barricades quy estoint aulx environs de la maison de ville et puis on faisoit garde à ladicte maison de ville. On y aloit seulement avec l'espée au costé et cela dura jusques à la fin du mois d'octobre dudict an.

Le 23 aoust 1635 quy estoit la veille S¹ Barthélémy, Anthoine Soledie, dict Guerre, natif de la parroisse S¹ Pierre-de-Clayrac, jurédiction de Puymirol, fust pendeu et estranglé à la plasse publique de la présente ville, condamné par arrest de nosseigneurs de la chambre de l'édict pour avoir esté un des boutefeus à la maison du feu S¹ d'Espalais et ledict jour furent prins prisonniers, Pierre Payleau, bastier,² filz de Jehan Payleau aussy bastier de la présente ville et un porteur de vin nommé le Porquier quy avoint vouleu faire sonner le beffroy au clocher Sᵗᵉ Foy et esmouvoir le poeuble à une seconde sédition. Ledict Porquier fust condamné aux galères pour sa vie et ledict Payleau fust relaxé à l'ocasion de sa jeunesse. Quand ledict Soledie fust exécuté à mort, il y avoit douze companies en garde à la plasse publique de la présente ville.

Le 24ᵉ jour d'aoust 1635, Jehan Payleau, natif de Carmailh, en Languedoc, mᵉ bastier de la présente ville fust prins prisonnier au moulin de Prades, près Lafox, par M. Senbel, visseneschal d'Agennois et ses archiers et de Prades conduict au chasteau de Puymirol et la nuict du lundi 27ᵉ dudict mois, il fust conduict dudict Puymirol Agen avec cent hommes à chebal et le mardi 28ᵉ dudict mois quy estoit la feste S¹ Augustin, il fust pendeu et estranglé à la plasse publique de la présente ville, condamné par arrest de nosseigneurs de la chambre de l'édict. Il estoit un des

---

¹ Large bouche d'aqueduc qui s'ouvrait sous la maison NOUDEL, rue *Garonne*.
² Fabricant de bats; sellier-bourrelier.

hauteurs de la sédition et le dimenche de ladicte sédition, il conduisoit deux troupes de ces séditieux et fist piller les maisons de Mr François Jayan et de Mr Jehan Railhery et fist brusler leurs moeubles devant la maison dudict Railhery quy est auprès l'orme de la porteNufve. Quand on l'exécuta, il y avoit très bon ordre et bonne garde en la présente ville. A la plasse de Montrebel, y avoit deux cents soldatz en armes; au corps de garde de la plasse publique en y avoit aultant. Tous les corps de garde de la ville estoint aussy bien garnis de soldatz. Toute la plasse publique estoit aussy enthorée de soldatz armés. La halle en estoit aussy bien garnie près de l'esveché: y avoit une barricade au bout de la rue de Garonne ; y en avoit une autre aulx clochés des quatre parroysses ; y avoit une escadre à chascun por empescher qu'on ne sonât le beffroy. Il y avoit aussy devant la porte de chasque esglise parroyssiale une escadre en garde. Il y avoit aussy une escadre devant le grand horologe. Et en telle sorte, il fust exécuté à cinq hoeures du soir. Il avoit pour confesseur le père prieur des Aulguslins, puis son corps fust enterré au cémetière Ste Foy.

. . . .

Le 18e janvier 1636 Anthoignette Arfeilhe dicte la Noire et son filz feurent pendeus et estranglés à la plasse publique de la présente ville, condemnés par arrest de nosseigneurs de la chambre de l'édict et aussy par mesme arrest fust condemné Jehan Troisdames dict La Rispe me gantier de la présente ville. La dicte Arfeilhe fust condemnée pour avoir tréné, elle troisième, Me Nicolas Duperier, conseilher en l'élection par les rues et estant à Garonne luy coupa les. . . . . . . et son corps fust jetté de dans l'eau; et son filz fust condemné pour s'estre treuvé au pillage de la maison du feu Sr d'Espalais et ledict La Rispe pour avoir été un des murtriers des messieurs de Maures. Estant au suplice, ilz furent exécutés tous trois à une mesme potence, la dicte Arfeilhe fust la première exécutée et puis son filz fust le segond exécuté. Il pria l'exécuteur de la haulte justice de ne le mettre pas du costé de sa mère et ledict La Rispe et luy furent attachés tous deux d'un costé. Quand ledict La Rispe fust mort ses amis le mirent dans une bière de bois et l'alarent enterrer au cemetière de la chapelle Nostre Dame du Bourc.

www.ingramcontent.com/pod-product-compliance
Lightning Source LLC
Chambersburg PA
CBHW070708050426
42451CB00008B/556